27

Ln 11214.

ÉLOGE

D'ADRIEN-MAURICE,

DUC

DE NOAILLES,

PAIR ET MARÉCHAL DE FRANCE,
MORT A PARIS, EN 1766.

Hujus si virtuti par data esset fortuna, non illâ quidem major, sed multo illustrior, atque etiam honoratior. Cor. Nep.

A PARIS,

Chez VALADE, Libraire, rue S. Jacques, vis-à-vis la rue de la Parcheminerie.

M. DCC. LXX.

ELOGE

D'ADRIEN-MAURICE,

DUC

DE NOAILLES,

Pair & Maréchal de France, mort à Paris,
en 1766.

POUR sentir tout le prix d'un Grand-
homme, il faut l'être soi-même. Il est
des Héros qui ne sont tels qu'aux yeux
des Sages. Ils échappent à la multitude
qui ne pardonne jamais les mauvais succès, & pour laquelle ne pas vaincre,
est toujours une faute, & souvent même
un crime. Rome ne voyoit dans *Fabius*
qu'un Citoyen timide, qui n'osoit point
la venger d'*Annibal*. Le Restaurateur de
la République n'étoit apperçu à travers
ses manœuvres supérieures & ses délais

fagement combinés , que par le petit nombre qui fe contentoit de l'admirer.

Tel a été parmi nous le fort d'un homme plus grand que célebre , qui l'ame des Confeils , fut tour-à-tour à la tête des Finances & des Armées, toujours le bienfaiteur de l'Etat , & dont la partie éclairée de l'Europe admira les talens , que la fortune ne favorifa pas toujours , mais qui méritoit toujours de vaincre. Adrien-Maurice , Duc de Noailles , ne jouit pas de toute fa gloire , aux yeux de la plupart de nos Concitoyens ; fes campagnes fçavantes , ouvrage du Génie , & digne de l'admiration de l'Univers , ont été confondues avec cette foule d'évenemens, que la même année voit naître & oublier. Ils ont été injuftes à fon égard , foit que l'intervalle immenfe qui les féparoit de ce Héros les ait empêchés de pénétrer jufques à lui , foit que nos autres Guerriers plus heureux , les aient accoutumés à n'admirer que des triomphes & des actions d'éclat. Pour acquitter autant qu'il eft en nous la dette de la Nation envers un homme qui l'a fi bien fervie , nous allons lui rappeller

ce qu'il a fait pour elle. Nous emprun-
terons les principes de Guerre, de Politique, de Finance du Maréchal lui-
même, c'eft la feule maniere de le bien
louer.

Ce feroit au Comte de Saxe à venger
la mémoire du Duc de Noailles, à nous
développer les reffources de fon génie,
la grandeur de fes vues : mais il nous a
déja appris ce que nous devions penfer,
fon fuffrage doit être une loi pour nous,
& pour la poftérité. Un tel Difciple étoit
bien digne d'apprécier fon Maître.

PREMIERE PARTIE.

L'enfance des Héros n'annonce pas
toujours ce qu'ils doivent-être, foit que
la Nature, d'elle-même, ne marche que
lentement dans fes productions fublimes,
ou plutôt que le vice de notre éducation,
favorife cette lenteur & cette efpece d'en-
gourdiffement. Graces aux foins d'un vertueux Pere, Adrien n'augmentera pas le
nombre des grands-hommes dans lefquels
des plaifirs meurtriers ont retardé la marche rapide du génie, & ont enveloppé
pour quelque tems le germe de la gran-

deur. La premiere chose qu'il apprend, est que ses Ayeux, en lui tranfmettant leur nom & leur fang, lui impofent la néceffité de leur reffembler. Son ame, fans ceffe occupée de foutenir ce pefant fardeau, n'attend pas pour fe déployer ces événemens mémorables qui ébranlent la terre; dès l'âge le plus tendre il fait efpérer que la France comptera un jour un Héros de plus.

Le Camp eft la premiere école des Guerriers, le grand art de vaincre ne s'apprend point au fein des villes & de la volupté, le courage fe glace, les corps s'ufent par la molleffe. Adrien ne confulte ni fon âge, ni fes forces, il entend la voix du Génie qui l'appelle au combat, il vole fe ranger fous les drapeaux de fon pere. Ne croyez pas que le tumulte des armes foit un fpectacle indifférent pour lui, déja la gloire l'échauffe, le pourfuit, lui fait éprouver cet afcendant, cet empire qu'elle exerce fur les ames fortes. La Bataille du *Ter*, gagnée à fes yeux, imprime à fon ame le defir brûlant de fe montrer digne éleve de fon Maître. Il fuit bientôt la fortune de cet

homme sans faste, idole des soldats,
digne rival d'*Eugene*, qui joignoit à la
douceur, à l'intrépidité de *Henri IV*, son
ayeul, cette présence d'esprit, ce coup
d'œil qui prévoit & saisit tout, cette
activité qui ne laisse rien à faire. Le
Génie qui anime *Vendôme*, semble s'em-
parer de l'ame de Noailles (rarement les
exemples font perdus). Si le jeune Guerrier ne peut encore s'élever au niveau
du grand Capitaine, il a le courage de
le prendre pour modéle, & la force
d'aspirer à sa gloire.

La mort de *Charles II*, plongea l'Europe dans une Guerre meurtriere qui
coutoit à la France son sang, sa gloire,
& ses trésors; aux plus brillantes pros-
pérités, avoient succédé les plus étran-
ges revers. Le nom de *Louis* perdoit cet
éclat qui avoit toujours accompagné son
regne ; & pour affermir le Trône de
Philippe, il se vit sur le point d'être en-
feveli sous les ruines du sien. C'est dans
ce tems ee crise qu'Adrien est jugé digne
de soutenir la fortune chancelante du Roi
d'Espagne : il marche à la tête d'une pe-
tite armée contre cette Province fiere &

intrépide, entoufiafte de fa liberté, prefque toujours vaincue, mais toutours redoutable, qui du fein même de fes pertes & de fes défaites, femble prendre
de nouvelles forces. La Catalogne eft le
théâtre fur lequel il déploye ce génie
heureux, ces reffources inépuifables pour
la Guerre : changer de projets, en former de nouveaux fuivant les difpofitions
des ennemis, traverfer leurs deffeins,
arracher par la prudence ce qu'il n'ofe
fe promettre de fes forces, en impofer
par l'étendue & la hardieffe de fes vues,
faire fubfifter une armée dans un pays
déjà épuifé. Telles font les opérations
qui fignalent cette campagne.

L'Anglois, fier d'avoir abaiffé *Louis
XIV*, venoit encore arracher à fon petit-
fils le fceptre que le teftament de Charles
& la voix des Peuples lui avoient donné.
Pendant qu'il prodigue fon fang & fes
tréfors en Efpagne, pour fermer les barrieres du trône à la famille des Bourbons, fes vaiffeaux couvrent les Mers,
font divifion au Port de *Cette*. Adrien,
plus fenfible à la gloire de couvrir fa
Patrie, qu'à celle de pourfuivre des con-

quêtes, abandonne la Catalogne, vole à l'ennemi, le brave, l'attaque avec cette impétuofité qui caractérife la Nation ; le nombre recule devant la bravoure, & la flotte étonnée admire un Héros qui anéantit fes efforts.

Un grand homme, dit un célebre Romain, compte toujours n'avoir rien fait, tant qu'il refte des ennemis à vaincre. Adrien revole au fecours de Philippe. Gironne, Place importante, nourriffoit la fierté, foutenoit l'efpoir des Catalans rebelles, & balançoit les fuccès de nos Armées. Mais Noailles, acccoutumé à joindre une profonde théorie à la pratique, inftruit dans l'art d'exécuter rapidement un projet, comme dans celui de le favoir différer à propos, a tout prévû. Déjà la Place eft invertie, la canon foudroye les rampacts, la Nature a beau combattre pour nos ennemis, les obftacles ne font qu'irriter & redoubler le courage du Général ; le Soldat, animé par fon exemple, ne voit point de danger, il s'ouvre un paffage à travers des barrieres que les inondations fembloient avoir affermies, il pénetre & dévore

A v

d'avance les dépouilles des Citoyens malheureux & coupables : *Arrête, barbare*, s'écrie Adrien, *il eſt beau de vaincre ; mais il l'eſt encore davantage de pardonner.* Le Trône d'Eſpagne eſt enfin aſſuré à un Enfant de France, & le calme rendu à l'Europe.

Pour un Militaire qui n'eſt que brave, la paix eſt un tems de repos & d'oiſiveté, hors du combat il ne ſait plus agir. Le Génie qui dans un jour d'action le porte au-delà des bornes du devoir, ſemble alors l'abandonner ; toutes les vertus du Héros diſparoiſſent & les foibleſſes de l'homme ſe montrent. Adrien nous offre un ſpectacle bien différent, ſemblable à ce Romain qui ne ſe croyoit jamais moins ſeul, que lorſqu'il étoit ſeul, il ne paroît quitter les armes que pour s'occuper des moyens de les reprendre un jour avec plus de gloire. Tous ſes momens ſont des momens précieux ; il ſent qu'il doit à l'Etat tout le bien qu'il peut lui faire. Il ſaiſit le tems où la haine des Nations eſt aſſoupie, pour ſe replier ſur le paſſé ; comparer les événemens, étudier les grands-hommes, profiter de leurs fautes comme de leurs lumieres, remonter aux principes de l'Art Militaire, en suivre les progrès, entrer dans tous ses détails, combiner les rapports qu'ils ont entr'eux, chercher les causes qui l'ont rendu aujourd'hui si compliqué & si difficile, acquérir cette prudence consommée que nous verrons toujours marcher en lui d'un pas égal avec le zele & le courage : c'est ce qu'on appelle les loisirs d'un Grand-homme.

La mort du Roi de Pologne trouble une paix de vingt ans. Pourquoi faut-il que l'histoire soit presque toujours destinée à rappeller les crimes & les injustices des Princes, à retracer les malheurs des hommes ? Deux Puissances disputent à un peuple libre le plus beau de ses priviléges, celui de se donner un Protecteur à son gré ; on insulte au choix des Polonois, & à Louis dans la personne de Stanislas. Le Gendre devient l'appui du Beau-pere. La gloire d'un Roi est de venger les Rois opprimés. L'embrasement de la guerre se répand dans la plus belle partie de l'Europe. Nos armes sont portées en Allemagne. Berwcik sou-

tenu du courage de Noailles, force l'ennemi aux lignes de l'Etlinguen, afliége
Philisbourg, où il trouve la mort & la
gloire ; la perte du Général afflige la
France fans l'allarmer. Adrien a fixé les
regards & mérité la confiance de fon
Prince, il va juftifier fon choix. Nous
ne le fuivrons point le refte de cette
Campagne à la tête des Armées du haut
& bas Rhin, ce qui feroit la gloire d'un
homme ordinaire, ne donne qu'un foible
luftre à celle d'un Héros.

L'année fuivante le voit commander
nos Troupes en Italie, où il a l'ennemi
à combattre, & à concilier des Cours
toujours prêtes à fe défunir. Aux difficultés de la guerre, fe joignent tous les obftacles de la politique ; un homme qui
n'eût fçu que combattre, n'eût été que
dangereux. Cependant tout s'applanit
fous les pas du Maréchal, les motifs de
divifion s'évanouiffent, nos Alliés com-
prennent que leurs intérêts ne peuvent
être féparés des nôtres, & que celui de
tous eft de forcer l'ennemi à évacuer
l'Italie.

Ce qu'il y a de furprenant ; & ce dont

la poſtérité, plus juſtes que nous, lui ſçaura gré, il termine la guerre à l'avantage & à la gloire de la Nation ſans verſer du ſang ; mais tel eſt le ſort des grands - hommes, on les blâme ſouvent du mal qu'ils ne font pas ; car nous ne diſſimulerons point que l'on fit un crime au Duc de Noailles d'avoir épargné la vie des hommes, d'avoir remporté des victoires ſans combattre ; comme ſi le but de la guerre étoit uniquement l'effuſion du ſang ; comme s'il étoit moins glorieux de vaincre par la prudence que par la force ; comme ſi l'homme le plus humain n'étoit pas en même tems le plus grand. Nous jouîmes de la paix & de ſes avantages, nous oubliâmes celui qui avoit travaillé à nous la procurer. Peut-être aurions-nous été plus reconnoiſſans ſi elle nous eût couté davantage.

Les Empires ſont comme la Mer, ils ne jouiſſent pas long-temps du calme. Charles VI meurt, & replonge l'Europe dans ces diſſentions barbares qui l'affligent preſque ſans ceſſe. La France ſe rappellera long-temps les revers qui ſuccé-

derent rapidement à ſes premiers ſuccès
en Bohême.

Nos Troupes tranſplantées ſous un
ciel étranger, au milieu d'un Peuple que
ſa haine contre nous, encore plus que ſa
bravoure, rendoit redoutable, ſe détrui-
ſent inſenſiblement d'elles-mêmes. La diſette, la rigueur des ſaiſons moiſſonnent
ce que le fer de l'ennemi épargne ; le Maréchal de Noailles avoit prévu nos déſaſ-
tres, il avoit oſé les repréſenter, car il
aimoit ſa patrie ; mais on ne le crut que
lorſque l'événement l'eût juſtifié. Cependant il ne s'agit plus de ſavoir s'il a cal-
culé juſte, nos maux demandent un
prompt remede. On le choiſit pour re-
fermer les plaies de l'Etat. Il part à la
tête d'une Armée formée des débris de
pluſieurs autres.

Il faut juger les hommes par les obſtacles, & meſurer notre eſtime autant ſur
la difficulté des entrepriſes, que ſur les
ſuccès ; c'eſt le ſeul moyen de ne point
deshonorer les cendres d'un Héros par
de fauſſes louanges. Le Maréchal arrivé
dans la baſſe Alſace, trouve tout dans le
plus grand déſordre. Des fortifications dé-

molies ou prêtes à s'écrouler, des frontieres ouvertes & sans défense, des Troupes dont il falloit également ranimer le
courage & réprimer la licence. Il se voit
dans un pays neutre, où les égards pour
la neutralité peuvent à tout moment re-
tarder les opérations de la guerre, envi-
ronné d'espions payés pour le trahir, har-
celé par une Armée plus forte en nombre,
que ni les succès, ni les revers n'ont point
affoiblie ; mais son génie voit les dangers
sans en être effrayé : ses manœuvres supérieures vont apprendre à l'Europe,
qu'un grand homme est au-dessus des obstacles mêmes. Camper & décamper à propos, se conserver une communication
libre avec les places d'où l'on tire les sub-
sistances pour son Armée, couvrir son
pays, ne laisser échapper aucune occasion
de donner de la jalousie aux ennemis, les
suivre pas à pas dans leurs marches, se
dérober à eux dans le tems qu'ils sont le
plus intéressés à nous découvrir, se cacher à ses propres Troupes, préparer aux
uns des piéges, les y conduire insensible-
ment, sans le leur laisser appercevoir,
ménager aux autres des surprises heureu-

ſes, les conduire à la victoire ſans qu'elles s'en doutent, tirer toutes les reſſources de l'art & du terrein ; voilà le chef-d'œuvre de la guerre, & c'eſt ce que fit le Maréchal de Noailles. Nous n'avançons rien qui ne ſoit avoué de tous ceux qui ſervirent dans cette campagne mémorable.

D'autres que nous traceroient ici le plan de la bataille d'Ettinguen, feroient voir comment le Maréchal de Noailles faiſit tous les momens favorables, & tous les poſtes avantageux ; comment, par ſa vigilance, il ſçut tromper l'Armée ennemie, la blocquer, la réduire à la plus affreuſe diſette ; comment il prévit à ce qu'elle ne pût reſter dans l'inaction, ſans ſe conſumer, ni combattre, ſans s'expoſer à une deſtruction entiere ; mais les hommes ne ſont point touchés d'une entrepriſe que les ſuccès n'ont point couronnée : elle méritoit de l'être ; elle ne l'a pas été, c'eſt un prétexte qui leur épargne l'humiliation d'applaudir à l'ouvrage d'un grand homme. Le ſort de cette journée fut comme celui de bien d'autres, où l'on verſe beaucoup de fang de part & d'autre, fans atteindre le but de la guerre ; c'étoit pour les François une victoire enlevée plutôt qu'une bataille perdue.

Les Troupes de Baviere s'étant réunies à celles du Maréchal, il pourfuit la campagne avec la même fupériorité de génie, fe pofte dans des lieux d'où il peut, fans divifer nos forces, en impofer à deux Armées.

N'oublions pas qu'il fut le premier à démêler & à faire valoir les talens de cet Etranger célebre, qui fixé parmi nous, devint l'honneur & l'appui de la France ; c'eft le plus beau trait de fa vie. Il falloit être le Maréchal de Noailles pour hâter la fortune d'un homme qui lui difputoit la gloire des armes ; mais l'envie n'a point de prife fur les grandes ames, elles s'oublient pour le bien de l'état : c'eft le vice d'un vil & méprifable Courtifan, d'envier la récompenfe du mérite & le prix des travaux.

Pendant que le Héros de la Saxe couvroit nos Provinces, Adrien fecondoit la fortune de Louis à la tête de fes Armées. *Ypres, Furnes, Menin,* la *Kenoque,* font déjà au pouvoir du Monarque François. L'Ennemi effrayé de la rapidité de nos conquêtes, fe prépare à en arrêter le cours par une diverfion auffi hardie qu'elle étoit glorieufe. Le Maréchal de Noailles toujours fous les ordres de fon augufte Maître, vole en Alface, reléve, raffure les courages abattus. Tandis que l'efpérance renaît, le ciel frappe la France par l'endroit le plus fenfible, on touche au moment où fon Roi victorieux va lui être enlevé. Elle oublie les dangers qui la menacent, pour ne s'occuper que de fa douleur. Nous éprouvons un plaifir fecret à rappeller des larmes fi glorieufes aux Sujets & au Monarque ; fans doute qu'elles ferviront de leçons aux Princes. Un peuple qui fait ainfi aimer fes Maîtres, eft bien digne d'en avoir de bons.

Adrien s'arrache à la préfence de fon Roi expirant, accourt à l'Ennemi, & répare les brêches que nos frontieres avoient déjà reçues. Cependant Louis eft rendu à la vie & à la France, il reparoît fur le théâtre de la gloire, fe rend maître de Fribourg, revient couvert de lauriers fe montrer à fon peuple. Nous ne parlerons

point de la campagne fuivante, on a
déjà célébré la journée de Fontenoi, &
quel François jaloux de la gloire de fon
pays, peut prononcer ce nom fans atten-
driſſement ? Le Maréchal de Noailles y
accompagna Louis, & l'on fait qu'il eut
part au gain de cette bataille. Ici finiſſent
fes travaux militaires, mais ce n'eſt qu'une
partie de fon éloge ; nous tracerons un
tableau rapide de fes négociations, de fes
vues profondes fur l'adminiſtration & fur
les finances. Il n'y a pas moins de gloire
à concilier les intérêts des Princes, à faire
circuler l'abondance dans un Etat, à travailler au bonheur des hommes, qu'à
défendre fon pays de l'Etranger. Sully
me paroît moins grand fur le champ de
bataille, prodiguant fon fang à côté de
Henri IV, fon ami & fon Roi, que Sully
occupé à décéler les fraudes & les injuf-
tices des Traitans, à fermer les plaies de
l'Etat.

Le Duc de Noailles a eu le triple avantage de fervir fa Patrie, en qualité de
Guerrier, de Négociateur & de Miniſtre ;
il a plus de droit à nos hommages & à
notre reconnoiſſance.

SECONDE PARTIE.

La Face de l'Europe à changé ; il s'eſt fait une révolution dans les Gouvernemens, comme dans les mœurs & dans les eſprits. A meſure que les Sciences ont fait des progrès parmi les hommes, la politique a eu la plus grande influence ſur les affaires. Ce n'eſt pas la force ni la bravoure, qui décident aujourd'hui du ſort des Etats. Souvent un trait de plume fait plus qu'une guerre de vingt ans, & l'on ceſſe d'être ſurpris qu'un homme du fond de ſon cabinet, imprime le mouvement aux reſſorts cachés des Empires, donne la loi, le repos au monde, ou l'ébranle à ſon gré.

Ce n'eſt pas que les paſſions ne menent encore les Princes comme elles les ont menés dans tous les tems, (la raiſon ſera toujours conſultée la derniere) mais l'on a étudié l'art de les maîtriſer, on connoît des reſſources contr'elles. Ce changement n'échappa point au Maréchal de Noailles. Dans un âge où les autres hommes ne connoiſſent que des amuſemens frivoles, il interrogeoit les ſiecles, parcouroit les faftes des Nations ; l'étude de l'homme, fi utile pour quiconque même ne feroit pas deftiné à gouverner les autres, fefoit fes plus cheres délices. Son génie, fon goût pour ces entreprifes, qui demandent de la fagacité & de la foupleffe, perçoient à travers toutes fes démarches. Louis XIV s'en apperçut ; un grand homme en démêle toujours un autre, & le Monarque fit valoir les talens du Sujet. Philippe V, alloit recueillir fon riche héritage, mais il ne lui étoit point encore affuré ; il l'attendoit de la fidélité, de la conftance du peuple dont il avoit fixé les vœux. Il importoit à notre Cour de démêler les menées fecrettes de celle d'Efpagne ; elle devoit diriger fes démarches, dreffer fon plan de conduite fur cette connoiffance. Louis attacha Noailles à la fortune de Philipe, le fit dépofitaire des fecrets de l'Etat, & ne tarda pas long-tems à s'applaudir de fon choix. Les vieux Courtifans & les Miniftres d'Efpa-gne, ne voyent dans le jeune Etranger, qu'un homme aimable, fait pour les plai-firs & la fociété ; le politique fe dérobe à eux. Tandis qu'ils fe livrent avec cette confiance qui ne ſoupçonne aucun ombrage , Noailles étudie leur génie , ſaiſit leur caractere , ſonde leurs diſpoſitions , captive la bienveillance de la Nation Eſpagnole , fortifie ſon attachement pour le Prince qu'elle a réclamé , nourrit ſa haine contre nos Ennemis , ſerre les nœuds de la plus étroite amitié entre l'Eſpagne & la France. Rappellé à notre Cour , il trace un portrait fidele de cette Nation qui nous étoit encore inconnue, parce qu'elle ne ſe laiſſe pas facilement deviner.

Les affaires changent bientôt de face. Louis forcé par les revers , de détruire en quelque ſorte ſon propre ouvrage , abandonne Philippe. Toute la fortune de l'Enfant de France , eſt dépoſée entre les mains de Noailles ; j'aime à me peindre ce jeune Héros , portant ſes vues au-delà de la ſphere étroite du préſent , aſpirant à la gloire de ſoutenir un Trône preſque renverſé , calculant nos forces & celles des Ennemis , trouvant des reſſources là où l'on ne voit que des dangers , repréſentant la haine de l'Eſpagne pour la Maiſon d'Autriche , comme un obſtacle propre à fermer les barrieres du Trône à l'Archiduc Charles ; donnant à notre Cour l'exemple d'un sujet qui ne veut point tremper dans la honte d'avoir abandonné le sang de ses Princes ; la forçant par l'ascendant qu'il prend sur elle , à revenir d'une démarche flétrissante pour la Nation , & à travailler à l'affermissement des droits de Philippe.

Un homme qui commençoit ainsi dans la carriere des négociations , devoit un jour y faire de grands progrès. Un véritable Politique, n'est pas l'ouvrage de la nature seule. Elle ne fait que l'ébaucher ; l'étude , la réflexion, l'achevent. Dépositaire des secrets de l'Etat , le Négociateur ne doit rien abandonner au hazard. Son devoir est de connoître à fond les intérêts des Princes , de les discuter avec cette impartialité qui en impose, & cette modération qui inspire la confiance. D'observer les Ministres des Cours Etrangeres , de les suivre dans leurs marches , de ne se découvrir à eux qu'autant qu'il le faut pour ne point donner de l'ombrage, d'entrer dans leurs vues , s'il n'y a pas d'autre voie de les plier à celles du Prince qu'il représente ; de lever les obstacles

qui pourroient les croiſer, de faire reſ-
pecter ſa Nation , en la rendant redoutable.

Perſonne ne connut mieux ces reſſorts
que le Maréchal de Noailles , perſonne
ne ſut mieux l'art de les faire jouer à la
gloire de ſon Prince & à l'avantage de ſa
Patrie. Je me hâte d'arriver aux époques
qui ont le plus ſignalé le génie de ce grand
homme.

La guerre terminée en Italie ; les diſſentions duroient encore. L'intérêt , ce mo-
bile des Rois comme des peuples , nour-
riſſoit un feu dont les étincelles auroient
pu embraſer l'Europe. Il ne s'agiſſoit plus
d'affermir la Couronne de Pologne ſur la
tête de Staniſlas , ce Prince avoit ſacrifié
ſes droits au repos de la terre ; mais l'on
ſe diſputoit les dépouilles d'une Province :
quelques contributions levées ſur la
Lombardie , avoient excité la cupidité
des Princes ; c'étoit une proie dont cha-
cun d'eux vouloit avoir ſa part. Le Maréchal de Noailles , déjà connu par ſon
habileté à manier les eſprits , à ménager
les caracteres , venoit de déployer dans
cette même guerre , les talens les plus

brillans pour la politique. Louis XV jette
les yeux fur lui. Il eft choifi pour calmer
une querelle dont les peuples auroient
payé les fuites, quoique la honte en fut
retombée fur les Rois. Ainfi revêtu des
pouvoirs de fon Maître, inftruit de fes
volontés, il paroît comme un Juge équi-
table, qui la balance de la juftice en
main, pefe les droits, difcute les intérêts
des Particuliers. Les paffions fi ingénieu-
fes à faire naitre des obftacles, font for-
cées au filence, & l'Europe apprend que
le fort de la France eft de vaincre également par le génie, l'équité, comme par
les armes.

Un homme tel que le Maréchal, ne
dut point fes fuccès aux rufes, aux artifi-
ces ; feules reffources des génies étroits.
Une ame noble & élevée, un cœur droit,
des manieres faciles & infinuantes, un
efprit jufte qui faifit les chofes fous leur
véritable point de vue, une éloquence
mâle & folide, qui fait les préfenter de
même ; voilà les armes puiffantes qu'il
oppofe, & avec lefquelles il triomphe.

Pourfuivons une carriere fi glorieufe.
L'Angleterre, la Hollande & la Savoie,

avoient réuni leurs forces à celles de l'Allemagne, pour accabler Louis. La France, fous le plus pacifique des Rois, vit encore l'Europe conjurée contr'elle ; Frédéric, notre ancien allié, venoit de faire fa paix. La politique de Vienne avoit fu endormir ce lion redoutable, & nous enlever le plus ferme appui qui nous reftât. Pendant que l'on s'épuifoit a imaginer ou créer des reffources, le Maréchal de Noailles réveille l'attention, fomente la haine du Héros de la Pruffe, & l'enchaîne pour la feconde fois à 'a fortune de la France. L'on fera attention que le Miniftere n'eut befoin que d'achever ce grand ouvrage, Noailles l'avoit déjà commencé de fon propre mouvement. Nous rappellons un trait fi précieux à fa mémoire ! Rien de ce qui peut intéreffer la gloire d'un Héros, ne doit périr dans l'oubli ; fa vie fera la leçon du monde, & le premier devoir des hommes, eft d'être juftes. Cette négociation eut tout le fuccès qu'on pouvoit s'en promettre. Frédéric attaque l'Autriche, & Louis fait la conquête de la Flandres.

Pourquoi les liens du fang & de la nature

ture entre les Princes, ne font-ils pas des gages affurés de la paix pour les peuples? Et pourquoi les paffions fermentent-elles parmi les proches comme parmi les Etrangers? Dans le tems que nos armes donnoient de violentes fecouffes à l'Allemagne, l'orage commençoit à fe former à la Cour de Madrid ; les Bourbons étoient fur le point de fe déchirer. Le Duc de Noailles, par la connoiffance qu'il avoit des intérêts des deux couronnes, fembloit avoit acquis le droit de les concilier. Il offre de paffer en Efpagne, & d'épargner aux deux Puiffances la honte d'une rupture ouverte. Philippe qui cultivoit fur le Trône les vertus d'un Particulier, vit dans le Maréchal, plutôt un ami, un bienfaiteur, que le député d'un Roi. Le tendre reffouvenir du paffé, ouvrit une voie facile à la réconciliation; les Miniftres, le peuple, crurent entendre l'oracle de la juftice & de la paix. Tous les nuages fe diffiperent, l'on vit que les hommes ne font pas infenfibles à la droiture, à la probité, & que le moyen de prendre un véritable afcendant fur

eux, eſt de les convaincre qu'on eſt inca-
pable de les tromper.

Nous n'entrerons pas dans de plus
longs détails ſur les négociations du Maréchal ; c'eſt à l'Hiſtoire à conſacrer tous
les exemples qui doivent ſervir de leçons
à la poſtérité.

TROISIEME PARTIE.

La mort du plus grand des Rois, fut l'é-
poque de la plus profonde miſere, &
d'un relâchement total dans les nerfs de
l'Etat. Il regnoit dans toutes les parties de
l'adminiſtration, un déſordre extrême.
La circulation étoit entiérement arrêtée,
la confiance perdue, le commerce anéan-
ti. Les campagnes ruinées manquoient
de bras, nos ports offroient à peine quelques débris de cette Marine floriſſante,
qui avoit diſputé à la fierté Angloiſe,
l'empire des Mers. Telle eſt la deſtinée
des Etats puiſſans, la guerre leur donne
les premieres ſecouſſes, & les ennemis
qu'ils nourriſſent dans leur ſein, achevent de les culbuter ; comme ces chênes
robuſtes qu'un violent orage ébranle d'a-

bord, & que des infectes rongent, dé-
vorent & renverfent infenfiblement. La
France avoit réfifté à l'Europe, elle alloit fuccomber aux fourdes menées des
traitans. Le Miniftere de Louis XIV, leur
avoit vendu la Nation, autant pour foutenir le fafte d'un Maître qui prodiguoit
tout, que pour repouffer les efforts des
peuples aigris contre lui. Engraiffées du
malheur public, ces ames mercenaires in-
fultoient par leur luxe, au fang de la No-
bleffe qui avoit défendu la patrie, & aux
larmes du cultivateur qui l'avoit nour-
rie. Ces réflexions font un hommage rendu à la vérité; quiconque craint de l'ho-
norer, eft indigne d'écrire.

Le précieux rejetton de Louis, ne pouvoit encore foutenir le fardeau immenfe
de la Royauté : un Prince de fon fang
avoit pris les rênes du Gouvernement.
Philippe joignoit à une grande connoiffance des affaires, à un goût délicat pour
les arts & les plaifirs, le talent encore
plus rare de connoitre les hommes. Parmi
cette foule de Courtifans, qui cherchoient
à mêler leur fortune à celle de la France,
il diftingue Adrien, l'affocie à fes travaux

& au grand ouvrage du rétabliſſement des finances. Le Duc de Noailles eſt ſenſible à ces marques flatteuſes de confiance, mais un motif plus noble, le bien de ſa patrie, vient l'animer. L'ambitieux court après les honneurs. Le citoyen ambitionne la gloire d'être utile.

La nature des maux de l'Etat demandoit une ame forte qui ſût braver les obſtacles, & ſacrifier à l'utile ce qui ne pouvoit avoir que de l'éclat, un génie pénétrant qui remontât à la ſource de tout, qui vît dans ſes principes les conſéquences les plus éloignées, qui imaginât des remedes, & ce qui eſt plus difficile encore, les moyens de les appliquer ; un eſprit infatigable qui ne ſe refuſât à aucun détail, un cœur généreux, qui fît le bien par le ſeul plaiſir de le faire, & s'oubliât pour la gloire du Prince & l'intérêt du Peuple.

Aucune de ces qualités n'eſt étrangere au Duc de Noailles. Parcourons les tems orageux de la Régence, nous verrons les traces du grand homme par-tout imprimées, rappeller ſes travaux, c'eſt élever à ſa mémoire le monument le plus beau, & en même tems le plus durable.

Colbert, le modele des Miniſtres, avoit porté dans le ſyſtême des Finances, les mêmes lumieres que le ſiécle de LOUIS venoit de répandre dans la Philoſophie, & dans tous les Arts ; cependant il n'avoit pu établir un impôt qui fît connoître à fond les revenus du Royaume, la qualité des terres, le produit des denrées, le rapport qu'il y a entre les revenus & les impoſitions, le nombre des habitans, le commerce de chaque Province. La France dans un ſiécle éclairé, gémiſſoit ſous la tyrannie de la taille arbitraire ; les malheureux portoient ſeuls le fardeau de l'Etat. Le Duc de Noailles ſaiſit des premiers tous les avantages d'un projet qui aſſure à chaque Citoyen ſes biens fonds, ſa fortune, & regle ſur eux ce qu'il doit à ſon Prince ; il porte au Conſeil de Philippe les vœux de la Nation, on examine le plan, on l'adopte, & le Citoyen s'applaudit du nouveau bienfait rendu à ſa Patrie.

Les criſes violentes où ſe trouva Louis XIV, ſur les derniers tems de ſon régne, avoient forcé ce Prince à faire des aliénations ſans nombre ſur l'Etat ; reſſources passageres ; & qui engloutissent pour des siécles les revenus du Royaume. On avoit eu recours à des traités extraordinaires, espece de souterrains où la cupidité effrénée des Partisans ne manque pas de se cacher ; & par où elle mine à petit bruit les Empires. Des Charges de toutes especes venoient d'être créées, & la France se vit inondée d'une foule d'ames mercénaires qui crurent avoir acheté le droit de vivre aux dépens de la Nation, sans contribuer aux charges publiques, & qui partagerent avec les plus anciennes Familles des Priviléges qui n'étoient faits que pour elles; delà, ces fortunes monstrueuses qui aigrirent le Peuple & le souleverent contre les auteurs de sa misere. Des suites aussi dangéreuses n'échappent point au Duc de Noailles, (nous ne faisons que retracer ici les vues qu'il a laissées dans ses écrits,) il représente, avec toute la force d'un homme persuadé, que le seul moyen de prévenir la ruine totale de la France est de commencer par éteindre, à l'exemple du grand *Sully*, les créances sur le Prince, par faire regorger les gens d'affaires, rendre aux professions utiles les bras que les préjugés & la mauvaise administration leur ont enlevés, & par rétablir la véritable Noblesse dans les droits qu'elle a perdus.

Les vœux de ce grand homme ne sont pas tous remplis. Il est des circonstances où le mal est inévitable ; cependant la confusion disparoît, l'état prend une face nouvelle, ceux qui ont dépouillé la Nation sont dépouillés à leur tour ; on augmente les revenus du Prince, en soulageant le Peuple ; on supprime les Offices nouvellement créés, il ne reste au Riche que la honte d'avoir renoncé au droit qu'il avoit d'être utile.

Les Constitutions sur l'Etat, les Traités extraordinaires, la multiplicité des Charges nouvelles, ne furent pas les seules causes des maux dont la France étoit affligée : toutes les parties de la finance étoient livrées à un brigandage perpétuel ; les canaux même destinés à transporter les revenus de l'Etat les engloutissoient pour des années entieres. La soif insatiable des richesses avoit imaginé les voies les plus obliques, pour ruiner le Peuple & anéantir les ressources du Souverain.

le Duc de Noailles dévoile ces abus; le Conseil de la Régence en est irrité, on poursuit les coupables, on met un frein à la rapacité des Receveurs; ils sont forcés à regarder les deniers royaux comme un dépôt sacré auquel on ne peut toucher sans crime.

La révocation de l'Edit de Nantes se réunissoit à toutes ces causes, & avoit fait à l'Etat une playe que les tems n'ont pu encore fermer; c'est une réflexion du Duc de Noailles, (elle ne doit allarmer personne, nous le considérons ici comme politique). L'omme d'Etat connoissoit trop les véritables intérets de la Nation, pour ne pas sentir la perte qu'elle avoit faite par l'émigration forcée de tant de Citoyens utiles qui porterent chez l'Etranger nos richesses, nos arts, & une haine implacable contre leur ancienne Patrie. Le mal étoit sans remede, mais il étoit utile de ne pas l'ignorer : la connoissance de nos fautes passées peut nous rendre sages pour l'avenir.

Un Etranger, grand calculateur, d'une imagination vaste, fécond en projet, qui osoit tout entreprendre, parce qu'il n'avoit rien à risquer, ne pouvoit manquer de plaire à une Nation, amie du merveilleux & de la nouveauté. Il bâtit un syftême qui enivre & les Grands & le Peuple.

Le Duc de Noailles le juge en homme qui en connoît les dangers; il éleve sa voix contre l'ivreffe publique; mais telle eft la foibleffe humaine, on ne peut faire revivre les bienfaits des grands hommes, fans prefque toujours rappeller des ingrats qui les ont méconnus; l'Ecoffois triomphe, le Patriote lui eft facrifié, & va couler dans la retraite des jours qui devoient être fi précieux à la France; le Duc de Noailles ne perd rien de fon éclat dans l'exil; la grandeur du Sage n'eft point une grandeur empruntée, elle eft toute à lui; elle l'accompagne dans les revers comme dans la fortune, dans les fers comme fur le trône. J'admire plus Marius, cherchant une retraite dans les marais d'Afrique, furvivant par fon courage à tous fes malheurs, que Marius, Conful de Rome, vainqueur des Cimbres & des Teutons.

Cependant le Peuple inconftant, renverfe l'idole qu'il vient d'élever; Law chargé de l'exécration publique, abandonne le pays qu'il a ruiné, Athenes reconnoît sa faute ; on rappelle Aristide. Dès-lors, la vie du Duc de Noailles n'est plus qu'une suite non interrompue de services rendus à la Patrie ; quand il cesse de la servir par son bras, il la dirige par ses conseils, jusqu'au dernier moment il fait des vœux pour Elle.

Il ne nous est pas permis de lever le voile sur tout ce qu'il a proposé dans les conseils pour le bien de l'Etat ; ses vues n'ont pas été aussi utiles qu'elles auroient pu l'être, parce que les Sages ne sont pas toujours écoutés. La plus grande partie de la France sait, que le Maréchal de Noailles, âgé de soixante dix-huit ans, traça le plan que l'on suivit dans les commencemens de la derniere guerre. Un combat naval gagné ; la prise de Minorque, faisoient déjà présager ce que l'on devoit attendre du rétablissement de la Marine ; mais d'autres idées contrebalancerent les siennes, on négligea les forces de mer pour celles de terre. Dès ce moment ce sage Citoyen, plus affligé des désastres de sa Patrie que des difficultés qu'il n'avoit pu vaincre , renferme fa douleur au dedans de lui-même , & fonge à finir fa carriere hors du tumulte du monde, & de l'embarras des affaires. Dépouillé de tout ce qui pouvoit l'attacher à la Cour, il vient étonner la Capitale de fes vertus.

Nous avons vu l'homme public, à la tête des armées, dans les négociations au Miniftere ; contemplons un moment le Sçavant, l'Homme privé, le Sage, le Philofophe Chrétien, ce tableau de fa vie ne fera pas le moins touchant.

Tous les hommes ne font pas deftinés à régir les Etats, mais tous font nés pour être vertueux, & malheur à l'ame qui eft infenfible aux charmes des vertus pacifiques.

Le Maréchal eut des ennemis , pour-quoi crindrions-nous de le dire ; c'eft le fort des hommes fupérieurs : mais il étoit affez grand pour pardonner aux petites ames cette foibleffe , & pour ne pas s'en affliger. L'humanité , ce fentiment fi répété dans nos écrits , célébré par toutes les bouches, mais fi rare dans nos actions , fut une des vertus du Maréchal ; le Soldat étoit un homme pour lui ; il y

portoit même une certaine délicateffe ; en
obligeant , il craignoit toujours d'humi-
lier les malheureux. Le luxe & le fafte qui
achevent d'aggraver les chaînes des
Grands , n'approcherent jamais de fon
ame , fimple dans fes mœurs comme dans
fes difcours ; il dédaigna tout autre orne-
ment que celui de fes talens & de fes vertus. Le mérite avoit des reffources affu-
rées auprès de lui ; il n'attendoit pas qu'il
follicitât , il le prévenoit, le déterroit fouvent , & l'honoroit toujours ; avare du
tems , il recueillit tous les inftans d'une
vie qui s'écoule fi rapidement , & n'eut
point à regretter des jours plongés dans
la molleffe , perdus dans les intrigues. Je
ne le louerai pas de n'avoir jamais fait fa
cour que par fes devoirs ; une grande ame
fe doit à elle-même ces égards , mais fça-
chons lui gré d'avoir donné un exemple
fi rare.

Sa mort fut celle d'un Sage , la fin de
l'homme jufte n'a rien que de confolant ;
la Religion couronna toutes fes vertus.
C'eft là le plus bel éloge , & ce qui peut
nous confoler de l'avoir perdu.

Puiffe , ce foible hommage , devenir

l'interprête des sentimens de la Nation,
puisse-t-il rendre à la mémoire du grand
homme ce que l'envie ou l'ignorance lui
ont disputé ; puissions-nous, nous dire à
nous-mêmes un Sage, un Héros vivoit
parmi-nous, & nous l'avons méconnu.

PRÉCIS.

*De la vie d'*Adrien-Maurice, *Duc de Noailles, Pair & Maréchal de France, Che-
valier des Ordres du Roi, & de la Toison
d'or, Grand d'Espagne de la premiere
Classe, premier Capitaine des Gardes du
Corps, Gouverneur de Roussillon, Con-
flans, Cerdaigne, &c. pour servir de
Notes à l'Eloge.*

LES louanges sont devenues suspectes, parce
qu'on les a prodiguées. Quelques Ecrivains mercenaires & sans pudeur, ont voulu faire revivre des
cendres, que la voix publique avoit déjà condam-
nées à un éternel oubli, & donner un lustre à des
hommes dont la mort auroit du être regardée
comme un bienfait du Ciel, puisque leur vie avoit
été l'opprobre de la terre. Nous ne craignons
point ce reproche. Les monumens que nous éle-

vons à la mémoire immortelle du Duc de Noailles
font tous attestés dans les faites de la Nation. Ce
font des faits que nous expofons aux yeux du Public, & c'est fur les faits qu'il faut juger les Héros.
Nous fuivrons dans ce Précis l'ordre des tems que
nous n'avons point gardé dans le cours de l'Eloge.

Adrien-Maurice, Duc de Noailles, naquit le
26 Septembre 1678, d'Anne-Jules, Duc de Noailles, Pair & Maréchal de France. Les plaifirs n'af-
fiégerent point fon enfance ; on commença par cultiver en lui mille qualités, qui s'emprefferent d'é-
clore ; fa famille n'avoit pas le préjugé de croire que
l'ignorance fût un titre honorable, elle lui fit un
devoir de l'étude. Cette époque de fa vie fera la
moins imitée.

Dès l'âge de quinze ans, il porta les armes en
Catalogne fous fon pere, qui étoit bien digne
d'être fon maître. La premiere leçon que reçut le
Difciple, fut un trophée élevé fur les rives du *Ter*. Il
paffa enfuite à l'école du fameux Vendôme, qui prit
foin de former un Héros pour le fiécle de Louis XV.

Philippe V alloit regner en Efpagne ; notre Cour
étoit intéreffée à connoître les difpofitions des Efpa-
gnols pour leur nouveau Roi. Louis XIV, qui fe
connoiffoit en hommes, jetta les yeux fur le Duc de
Noailles, alors Comte d'Ayen, lui confia les fecrets de l'Etat, & l'attacha à la fuite de fon petit-
fils ; on applaudit au choix du Prince, Noailles le
juftifia. Le poifon des plaifirs qui circule autour du
Trône & des Courtifans, n'altéra point la trempe

de son ame. De retour en France, il traça un tableau fidéle du génie, du caractere, des sentimens de la Nation Espagnole.

La guerre, pour la succession, recommença avec plus de fureur; le Duc de Noailles suivit à la tête de son Régiment le sort de nos armes en Allemagne, se distingua à la bataille de Fredelinghuen, gagnée par le Maréchal de Villars. Louis XIV le rappella d'Allemagne, pour lui donner le commandement en Chef des Troupes qu'il envoyoit en Roussillon, contre les Catalans rebelles. Ce Pays étoit épuisé de vivres & d'argent; la Cour de France pressée de tous côtés, ne fournissoit que de légers secours au Duc de Noailles; toutes ses ressources étoient dans son courage & son génie, cependant il surmonta les obstacles, leva des Troupes à ses dépens, & sur son crédit, couvrit notre Pays, se fit admirer du Peuple qu'il combattoit & de celui qu'il servoit. Les Anglois ayant fait une descente au Port de *Cette*, menaçoient d'inonder la Provence; le Duc de Noailles, instruit du danger que couroit cette Frontiere, abandonna la Catalogne, vola aux Insulaires, les força de regagner leur Isle.

Louis XIV, malheureux presque par-tout où il étoit attaqué, vit le moment où il seroit forcé de faire la guerre à son propre sang. Jamais Prince n'avoit fait paroître tant de fierté, jamais Prince n'avoit été si humilié. Le Duc de Noailles qui jugeoit en politique profond, quel seroit le terme de cette querelle, représenta avec force l'opprobre dont la France se couvriroit, en abandonnant Philippe; ses discours étoient les discours d'un homme persuadé; il persuada, Philippe resta sur le Trône, & fut redevable au Duc de Noailles de sa couronne. Il servit le Roi d'Espagne de son bras, & par ses conseils : l'histoire a consacré la prise de Gironne; un événement qui eut tant d'influence sur les affaires de ces tems-là, méritoit de faire époque. Le Duc de Noailles s'y comporta avec une bravoure que Philippe jugea digne de la plus flatteuse récompense. Les pluies avoient interrompu la communication des Quartiers; pour aller à l'ennemi, il falloit d'abord combattre & vaincre la nature. Nous devons convenir, à la gloire des Officiers François, qu'ils partagerent avec lui l'honneur de cette affaire. Il retourna en France, Grand-d'Espagne, titre qui releve le mérite, & humilie la bassesse, pour laquelle il devient toujours une usurpation.

L'orage se calma enfin en Europe, Louis XIV mourut, & laissa le Royaume chargé de dettes. Philippe d'Orléans, appellé à la Régence pendant la minorité, s'occupa des moyens de fermer les plaies de l'Etat; nos maux étoient presque sans remede. On donna au Duc de Noailles la Présidence du Conseil des Finances. Je ne rappellerai point toutes les opérations de la Régence, auxquelles il eut la plus grande part. Il suffit de tracer celles où son génie se développa tout entier. En 1717, le Régent ayant appellé extraordinairement au conseil les hommes les plus distingués du Royaume, par leur rang & par leur mérite, le Duc de Noailles fut chargé de faire un rapport exact de tout ce qui regardoit la Finance.

Il commença par développer les revenus de l'Etat, leur nature, en quoi ils consistent, quelle est leur origine; il remonta à la mort de Louis XIV, examina quels étoient pour lors les revenus du Prince, les compara avec les dettes dont on étoit chargé, & rappella toutes ses opérations qui s'étoient faites dans le Conseil des Finances, depuis son établissement; le célebre Colbert, avec la meilleure volonté, & les plus grandes vues, n'avoit pû venir à bout d'éteindre la taille arbitraire : tant les abus une fois accrédités font difficiles à déraciner. L'Abbé de *Saint-Pierre*, ce Citoyen vertueux, louable par le bien qu'il fit, & plus encore par celui qu'il voulut faire, imagina le projet d'une taille réelle qui assureroit la fortune des Cultivateurs. Les avantages de cet impôt n'échapperent point au Duc de Noailles, il les développa, le plan fut adopté.

Pour appliquer des remedes salutaires aux maux dont la France étoit affligée, il étoit important que l'on en connût la source. Le Duc de Noailles la trouva dans la multitude d'alliénations faites sur l'Etat, lesquelles forment une espèce de bien qu'on n'acquitte qu'aux dépens des véritables richesses, & qui font une charge permanente pour les Peuples, dans les Traités extraordinaires qui dépouillent les Citoyens, non-seulement de leur revenu, mais même de leur capital, dans l'inégalité des impo-

fitions, dans le peu de foin qu'on avoit pris à foutenir le change avec l'Etranger, dans la multitude
d'Offices nouveaux, dans la révocation de l'Edit
de Nantes, qui avoit arraché à la Patrie tant de
bras utiles, qu'il lui importoit si fort de conferver.

L'ordre commençoit à renaître dans les Finances,
lorfque *Law*, fabriqua ce fameux fyftême deftruc-
teur, & pere en même tems de tant de fortunes. Le
Duc de Noailles lutta contre, il éprouva qu'on
devient quelquefois coupable, en fe refufant aux
malheur de fa Patrie ; ainfi facrifié à l'Etranger,
idole paffagere de la Nation, il alla dans la retraite
cultiver des vertus dont il ne rougiffoit point à la
Cour ; fon exil ne fut pas de longue durée, mais la
honte qui en retomba fur les Auteurs fera éternelle.

L'Europe jouiffoit depuis vingt ans d'une paix
profonde. Chaque Puiffance avoit eu le tems de ré-
parer fes pertes & fes forces. La mort du Roi de Pologne ralluma la guerre ; le Duc de Noailles repa-
rut auffi-tôt fur la fcene militaire, & commanda un
Corps féparé, fous les ordres du Maréchal de
Bervick. La déroute des Ennemis aux lignes d'*Et-
linghen* fut fon ouvrage. Le fiége de Philisbourg, où *Bervick* fut tué, fuivit de près cette
journée. Le Duc de Noailles reçut dans le même
tems le bâton de Maréchal, commanda les armées
du Haut & Bas-Rhin, raffura nos conquêtes, &
força l'ennemi d'abandonner *Vorms* : on lui donna,
l'année fuivante, la conduite de l'armée d'Italie ; il
ne falloit pas moins d'adreffe pour lever les diffi-

cultés que les Cours de Turin , de Madrid & de
Verfailles avoient fait naître , qu'il falloit de courage pour vaincre les Autrichiens. Le Maréchal fit
jouer les refforts de la politique , accorda les Alliés ,
força fans coup férir les ennemis à évacuer l'Italie.
De retour en France , on lui fit un crime d'avoir été
trop humain; il n'oppofa aux reproches que fes fer-
vices : belle maniere de fe défendre ! Les contributions levées fur la Lombardie , avoient défuni les
Alliés dès le commencement de la guerre. Lorfque
l'Autriche entra en poffeffion de cette Province , les
conteftations furent encore plus vives. Louis XV.
crut que perfonne n'étoit plus propre à diffiper ces
nuages , que le Maréchal de Noailles. Il le chargea
de ce foin ; & bientôt il ne fubfifta aucunes traces
de divifion.

Je paffe fous filence ce qui ne peut fixer l'attention de la poftérité. La paix de Vienne ne dura pas
long-tems. Nos fuccès en Bohême , & les défaftres
qui les fuivirent de près , font affez connus. Le Duc
de Noailles n'avoit pas été d'avis que nos Troupes
fuffent tranfportées fous ce ciel étranger. D'autres
idées prévalurent. Dans ces circonftances critiques,
Louis XV l'envoya commander une Armée dans la
baffe-Alface, où tout étoit dans le plus grand défor-
dre. Le Maréchal fut maître de la campagne ; par
fes manœuvres fupérieures, il côtoya l'Armée du
Roi d'Angleterre , qui avoit le Mein entr'elle & les
François. Il lui coupa les vivres en s'emparant des
paffages au-deffus & au-deffous de leur camp. Les

Anglois poftés dans Achaffembourg , fe trouvoient bloqués par notre Général. La difette des vivres & des fourages fut fi grande dans leur camp, que le Soldat fut réduit à la demi-ration par jour , & que l'on propofa de couper les jarrets aux chevaux. Ils ne pouvoient fe tirer du mauvais pas où on les avoit conduits , fans s'expofer à une entiere défaite. Le Maréchal avoit pourvu à tout. Nous touchions au moment décifif qui alloit mettre fin à la guerre, & contrebalancer nos pertes précédentes en Boheme & en Baviere. Mais , comme a fort bien dit M. de Noailles lui-même, les événemens font au-deffus du pouvoir des hommes; un moment, une méprife fait changer la face des affaires. La précipitation d'un Lieutenant-Général , détruifit le fruit de toutes ces fages difpofitions. Un jour , qui devoit être fi glorieux à la France , & fi cher à la mémoire du Duc de Noailles , fut un jour marqué par la perte d'un grand nombre d'Officiers , dont la bravoure méritoit d'être couronnée par la Victoire. Nous n'entrerons point dans les détails de cette journée; nous donnons un précis de la vie du Maréchal, mais nous n'écrivons point fon hiftoire. Les Troupes de Baviere fe réunirent peu de tems après à celles qu'il commandoit. Il pourfuivit la campagne comme il l'avoit commencée , toujours avec des vues fages & bien combinées , fe pofta dans des lieux avantageux , & fit face à deux Armées. La campagne fuivante vit le Roi à la tête de fes Armées. La fortune du Prince fut confiée au Maréchal de Noailles. Le

premier coup d'eſſai de Louis , fut la priſe de pluſ
ſieurs villes. Pendant qu'on conquéroit la Flandre,
le Prince Charles paſſoit le Rhin , & effrayoit nos
Provinces. Le Roi abandonna auſſitôt ſes conquêtes , pour voler au ſecours de l'Alſace. Ce trajet eſt
l'époque de ſa maladie à Metz. Le Prince Charles
pourſuivi par le Duc de Noailles , repaſſa le Rhin ;
mais toujours en grand Capitaine , qui fait également l'art des retraites ſavantes & des attaques har-
dies. Un Sujet du Roi de Pruſſe oſa inſulter au
Maréchal , qui ſe juſtifia en envoyant au Prince un
Mémoire détaillé de ce qu'il avoit fait de jour en
jour , heure par heure. Ce qui doit nous rendre à
jamais précieuſe la mémoire du Duc de Noailles ,
c'eſt le ſoin qu'il prit à faire donner le commandement de nos Armées au Comte de Saxe , ce trait ,
aux yeux du Philoſophe, vaut cinquante batailles ga-
gnées. Reconnoitre ainſi publiquement la ſupériorité
d'un rival , faire valoir ſes talens aux dépens de ſa
propre gloire , c'eſt le comble de l'héroïſme. Le
Héros Saxon ne fut point ingrat ; la reconnoiſſance
n'eſt jamais un fardeau pour une belle ame. La
France ignore que le Maréchal , à l'inſu du Miniſ-
tere , engagea le Roi de Pruſſe à rompre la paix
qu'il avoit faite avec la Reine de Hongrie , & qui
nous étoit ſi fatale. Ce trait ne devoit point être ou-
blié dans ſon éloge ; mais elle fait qu'il traça de
concert avec le Maréchal de Saxe , le plan de la bataille de Fontenoi. Son Ambaſſade extraordinaire
en Eſpagne , fut ſon dernier coup d'éclat. Il ſe

contenta dans la fuite, de propofer fes vues au Confeil, lefquelles furent quelquefois fuivies, & très-
fouvent ne le furent pas. En 1756, confulté fur ce
qui concernoit la guerre qui venoit de fe déclarer, il
traça un plan qui fut fuivi dans les commencemens.
La prife de Minorque, le combat naval gagné en
furent le fruit & en juftifierent la fageffe. Plût à
Dieu que fes idées n'euffent point été contrebalan-
cées. Il quitta dès-lors le Confeil : il venoit de fe
démettre de fa Compagnie des Gardes-du-Corps,
que le Roi donna à fon fils le Duc d'Ayen, aujourd'hui le Duc de Noailles. Trois ans avant fa
mort, il abandonna le Tribunal des Maréchaux de
France, à la tête duquel il étoit comme Doyen.
Tous ces facrifices lui coûterent peu. Il ne tenoit
aux dignités, qu'autant qu'elle lui procuroient l'oc-
cafion d'être utile. Les écrits que nous avons lûs du
Maréchal, refpirent par-tout la vertu, l'amour des
loix & de la patrie, le bien de l'humanité, le zele le
plus ardent pour la gloire & les intérêts du Roi ; en-
forte qu'on pourroit graver ces mots fur fa tombe :
Nemini nocuit, & omnibus profuit.

F I N.